TRAITÉ
DES DISTANCES

POUR APPRENDRE A DESSINER SEUL,

au moyen de

L'ANGLE DROIT,

LA FIGURE, LE PAYSAGE ET L'ORNEMENT,

suivi

D'UN ABRÉGÉ BIOGRAPHIQUE DES PRINCIPAUX
PEINTRES DES ÉCOLES D'ITALIE ET DE FRANCE,

PAR

L. DUMONT (DE MONTEUX),

ANCIEN PEINTRE ET PROFESSEUR DE DESSIN DE L'ÉCOLE
GRATUITE DE LA VILLE DE LYON.

PARIS
HATON, LIBRAIRE-ÉDITEUR
RUE BONAPARTE, 33.

1871

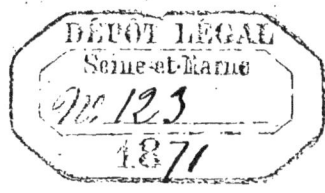

TRAITÉ DES DISTANCES.

TRAITTÉ DES PENSIONS.

(C.)

TRAITÉ
DES DISTANCES

POUR APPRENDRE A DESSINER SEUL,

au moyen de

L'ANGLE DROIT,

LA FIGURE, LE PAYSAGE ET L'ORNEMENT,

SUIVI

D'UN ABRÉGÉ BIOGRAPHIQUE DES PRINCIPAUX
PEINTRES DES ÉCOLES D'ITALIE ET DE FRANCE,

PAR

J. DUMONT (DE MONTEUX),

ARTISTE PEINTRE ET PROFESSEUR DE DESSIN DE L'ÉCOLE
GRATUITE DE LA VILLE DE MEAUX.

PARIS
HATON, LIBRAIRE-ÉDITEUR
33, RUE BONAPARTE, 33.

1871.

TRAITÉ

DES DISTANCES

à observer dans les

PLANTATIONS,

au sujet de

LA LOI DU 9 MAI 1898,

sur

LES BIENS DE MAINMORTE

par

J. DUMONT (de Douvres)

PARIS

HAYON, LIBRAIRE-ÉDITEUR

A M. MENIER

Officier d'Académie; Chevalier de la Légion d'honneur; Conseiller Général du département de Seine-et-Marne; Maire de Noisiel-sur-Marne; Membre de la Société d'économie politique, de la Société des ingénieurs civils et des études pratiques d'économie sociale; ancien fabricant de produits chimiques et pharmaceutiques; fabricant de chocolat et président du Conseil d'administration de la Société de la sucrerie de Villenoy.

Monsieur,

Vous êtes venu, comme Conseiller Général du département de Seine-et-Marne, visiter la classe gratuite de dessin de la ville de Meaux.

Par vos bienveillants conseils, vous avez encouragé mes élèves, en leur faisant comprendre que le dessin était une étude très-utile pour exercer, avec avantage, une profession manuelle, la rendre plus intéressante, plus lucrative, et y trouver plus tard une source de prospérité.

Vous n'avez pas voulu, Monsieur, nous quitter, sans laisser aux élèves une preuve de votre sollicitude, en offrant des prix à ceux qui, par leur conduite et leur progrès, les auraient mérité.

Vous êtes, Monsieur, l'ami des arts, des sciences, et le protecteur de tout ce qui est utile.

Veuillez me permettre de vous offrir la dédicace du *Traité des distances*, et mettre sous vos auspices un petit ouvrage utile à toutes les classes de la société, qui sera lu et consulté dans les institutions recommandables et dans toutes les familles.

Daignez accepter, Monsieur, l'hommage de ma profonde reconnaissance.

J. DUMONT (de Monteux).

PRÉFACE.

Il y a plus de vingt ans que je donne des leçons de dessin. Je me suis toujours fait un devoir de simplifier, autant qu'il est possible, ses difficultés, en me mettant à la place des élèves.

L'étude du dessin est aride au début, mais elle ne tarde pas à intéresser, lorsque les élèves perçoivent la possibilité d'obtenir seuls la place juste et précise des morceaux et des parties qui composent une tête, un paysage ou un ornement. C'est au moyen des distances obtenues sur l'angle droit, dont je donne l'explication à la fin de cette brochure.

Le lecteur y trouvera un abrégé biographique des principaux peintres des écoles d'*Italie* et *des peintres français*.

Les familles qui habitent les communes où il est difficile de faire venir un professeur de la ville, leurs enfants peuvent, au moyen de l'angle droit et de mes conseils, apprendre seuls à dessiner avec plaisir.

INTRODUCTION.

Le dessin n'est pas seulement un art d'agrément, comme la musique, la danse et l'escrime. Après la lecture, l'écriture, le calcul, l'histoire et la géographie, le dessin est une étude indispensable pour les chefs de fabrique, les contre-maîtres, les ouvriers de toutes les professions et les hommes lettrés qui expliquent *Horace* et *Virgile*, et qui, devant un chef-d'œuvre, restent muets ou n'en parlent que par ouï-dire !

Si nous remontons à la source de la civilisation, de l'industrie et du commerce, nous sommes forcés de reconnaître que c'est au dessin et à l'*architecture* que nous le devons, et aux Beaux-Arts qui nous font comprendre la beauté d'un soleil couchant dans un tableau, toutes celles d'une statue, d'un beau monument et d'une belle mécanique ?

Tous les objets qui nous entourent sont autant de dessins qui flattent notre vue, comme ceux que nous voyons à l'*Exposition* de l'*Industrie*, dans un *Musée*, à la campagne, par une belle journée de printemps, et qui nous procurent des jouissances que tout le monde ne peut pas éprouver ?

Celui qui a le sentiment des arts, ou qui, par état, a l'intelligence de comprendre que le dessin est indispensable pour exercer sa profession, trouvera toujours le temps d'aller aux écoles du soir, pour l'étudier, ou dessiner seul, aidé de mes conseils.

On n'est pas artiste pour dessiner et faire de la peinture, on n'est pas poëte pour faire des vers, et on n'est pas musicien pour jouer du flageolet, pincer de la guitare et toucher du piano, lors même que l'on donnerait des leçons.

Les *perruquiers-coiffeurs*, les *photographes* se disent tous artistes ? Quel titre donnera-t-on aux élèves de l'école des *Beaux-Arts*, eux qui étudient jusqu'à vingt-neuf ans, dans l'espoir de remporter le grand prix de Rome ?.....

1ʳᵉ PARTIE.

LES PEINTRES ANCIENS.

Dans la vie des peintres, écrite en Italie, on trouvera que ces hommes avaient sur l'enseignement du dessin et de la peinture, des règles et des principes basés sur les lois de la nature, et étaient heureux de transmettre à leurs nombreux élèves les moyens et les ressources de leur art, avec la franchise qui caractérisait cette époque.

C'est une erreur de croire que les peintres de l'école d'Italie, tels que *Léonard de Vinci*, *Raphaël* et *Jules Romain*, défendaient à leurs élèves de prendre la hauteur et la largeur des parties qui composent le modèle, ils les leur recommandaient pour diminuer les grandes difficultés et qu'ils pussent reproduire un ensemble juste et correct.

Lorsque nos anciens maîtres faisaient un portrait, ils prenaient au compas la longueur du nez ou la hauteur de la face, à partir de la fossette du menton jusqu'à la racine des cheveux où commence le front. C'était pour eux une échelle dont ils se servaient pour proportionner toutes les parties de la tête et du corps.

Dans l'art du dessin, démontré par *Jean Cousin*, peintre français et sculpteur, que les artistes ne doivent pas ignorer, il va plus loin, il donne le conseil de se servir du compas pour obtenir les distances et les proportions du modèle, sans lesquelles les élèves ne peuvent que s'égarer ?

Léonard de Vinci disait à ses élèves :

« Il en est du dessin comme d'une page d'écri-
« ture, vous ne pouvez savoir ce qu'elle contient
« qu'en lisant mot à mot, et ligne par ligne. Il
« faut en faire autant pour apprendre à dessiner.
« Avant de faire une tête, il faut étudier sépa-
« ment toutes les parties qui la composent et les
« bien comprendre, sous peine de perdre votre
« temps et d'allonger vos études. »

Il disait aussi que le crayon, pour apprendre à modeler, est bien préférable à l'estompe, et que l'on ne doit s'en servir qu'au moment de pouvoir dessiner des figures en relief (Extrait d'un rapport fait par *M. Ravaisson*, membre de l'Institut), tiré du catalogue de *M. François Delarue*, éditeur à Paris.

LES PEINTRES MODERNES.

Certains peintres modernes et professeurs, croyant mieux faire que les anciens, ont voulu s'affranchir des grands principes de l'art. Ils trouvent sans doute que les difficultés du dessin et de la peinture ne sont pas assez grandes !

Il y a des professeurs qui donnent aux élèves, le premier jour qu'ils dessinent, une tête, et d'autres les mettent à dessiner d'après la bosse. La raison et l'expérience ont fait tomber cette méthode qui a porté, à son époque, le nom de son auteur.

D'autres professeurs font dessiner à l'estompe avant que l'élève sache crayonner passablement une tête, sous prétexte qu'ils apprennent l'un et l'autre en même temps. La réunion de ces deux grandes difficultés sont impossibles à vaincre (1).

Les élèves les plus intelligents, malgré le grand désir d'apprendre à dessiner, luttent sans obtenir de résultat, mais les professeurs complaisants s'établissent carrément à la place de l'élève, dessinent et redessinent, et finissent peu à peu par faire

---

(1) C'est comme si vous vouliez faire peindre avant de savoir dessiner, et lire avant de connaître les lettres ? C'est la charrue devant les bœufs ?...

le dessin des élèves privilégiés, lesquels s'y habituent, et, à compter de ce jour-là, ils n'apprennent plus rien. Il vaut mieux dessiner seul !...

Pour apprendre, il faut que l'élève fasse lui-même son dessin : qu'il ne craigne pas de salir ses doigts en taillant ses crayons, et qu'il barbouille du papier pendant trois mois, un an, s'il le faut, mais, après ce temps d'étude, il saura tenir son crayon et s'en servir.

Je comprends qu'une mère, un père, soient heureux de faire voir des dessins, bien encadrés, de leurs fils et de leurs filles, aux étrangers, aux amis et aux parents, surtout aux prétendus qui s'extasient, même ceux qui s'y connaissent le moins, et adressent à la jeune fille une foule de compliments, et si elle rougit, ce n'est point par modestie, mais d'avoir osé mettre son nom en grosses lettres, au bas des dessins faits par son professeur (1).

Il y a des parents qui aiment à être trompés, je le veux bien, mais j'aime à croire que tous ne l'aiment pas? On dépense de l'argent pour apprendre, et on n'apprend rien.

(1) Les parents sont dans l'erreur la plus grande, s'ils se figurent qu'un professeur peut faire faire en peu de temps à ses élèves les beaux dessins qu'ils apportent chez eux, et ceux qui sont exposés à la distribution des prix.

LES MODÈLES A DESSINER.

S'il faut aux élèves de bons professeurs, il leur faut aussi de bons modèles.

Les élèves intelligents comprennent instinctivement ceux qui leur conviennent. Par expérience, je sais qu'ils n'aiment pas les modèles dont la figure est sans expression et sans caractère, ils donneront toujours la préférence aux modèles qui sont fermes et vigoureusement accusés. Dans ces conditions, ils les comprennent, et peuvent sans hésitation les dessiner et les imiter.

Mais si vous leur donnez un modèle trop fort et trop fini, comme exécution, avec de tels modèles, les élèves n'osent pas dessiner, ou dessinent fort mal et sans goût, parce que la comparaison de leur dessin au modèle leur paraît si grossière qu'ils se découragent et perdent leur temps!...

Depuis quelques années, *M. François Delarue*, a publié de très-beaux modèles autographiés, faits par *Julien*, notre grand dessinateur. Ayant compris l'embarras des élèves qui étaient obligés de copier au crayon des modèles couverts de demi-teintes, avec des hachures faite de gauche à droite (1). L'exécution de droite à gauche, avec ses larges et belles lumières, sont bien plus faciles et plus compréhensibles à imiter pour les élèves !

Ces beaux modèles autographiés, rappellent, par le modelé, l'énergie et leur exécution savante, ces anciens modèles gravés du siècle dernier, imprimés à l'encre rouge, et qui sont depuis longtemps recherchés, très-rares et très-estimés.

(1) Ne pouvant faire imiter aux élèves ces modèles au crayon, les professeurs ont adopté l'estompe, mais c'est un non-sens dans les arts.

AUX ARTISTES PROFESSEURS.

Les vrais artistes se servent de la méthode des anciens peintres, ils la donnent à leurs élèves, et repoussent tout ce qui peut retarder leurs progrès et les dégoûter pour toujours du dessin.

Qu'il me soit permis de dire aux professeurs sérieux qui, par système, défendent à leurs élèves de prendre les distances du modèle, qu'ils ont oublié les préceptes de nos anciens maîtres. Si nous connaissons l'architecture, la perspective (1), l'art du dessin et de la peinture, c'est bien à eux que nous le devons. C'est en nous inspirant tous les jours de leurs belles œuvres, en les étudiant et en les copiant, que nous arrivons quelquefois à les imiter ; sans eux que ferions-nous ?

Ce sont les anciens peintres qui nous ont donné le moyen, qu'en supposant une ligne horizontale et une ligne verticale avec un fil à plomb (2), on

---

(1) Les anciens peintres connaissaient entièrement toutes ces facultés, et ils n'étaient pas obligés, comme nous, de faire mettre leurs tableaux en perspective.

(2) Ce sont ces deux lignes supposées qui forment un angle fictif, sur lequel repose le moyen simple du traité des distances, que je donne, pour avoir sur l'angle droit tracé à la règle, les distances justes de son modèle.

trouve approximativement les rapports des morceaux qui composent une tête, une figure académique ou un groupe dans un tableau.

Ainsi, dans une figure nue qui porte sur la jambe droite, si du sternum vous supposez une ligne à-plomb, vous rencontrez le nombril, les parties génitales et la maléolle interne, mais ces places ne pouvant être fixées sur la ligne horizontale, elles varient. Ce moyen est le seul que les artistes et les élèves ont pour dessiner d'après nature, ou un dessin à copier ; mais il est insuffisant pour les élèves qui commencent à dessiner, et surtout s'ils veulent apprendre seuls.

Il y a bien les distances que l'on prend avec son porte-crayon, verticalement et horizontalement, elles ont le même inconvénient que j'ai signalé plus haut, parce que ces distances ne sont pas prises sur les deux lignes qui forment l'angle droit.

TRAITÉ DES DISTANCES.

TABLEAUX A COPIER.

Lorsqu'un artiste a un tableau à copier, quel qu'il soit, comme on les demande au *ministère de l'intérieur*, il est obligé de faire prendre par un gardien du *Musée* un point de départ sur lequel il se base pour avoir tous les autres, et il ne peut les obtenir qu'en tatonnant et avec beaucoup de peine. Si l'artiste peut se procurer la gravure du tableau qu'il a à copier, il la met aux carreaux. On appelle mettre aux carreaux une gravure que l'on divise, je suppose, en dix carrés égaux sur la largeur, et en seize sur la hauteur. Que la copie du tableau soit plus grande ou plus petite, on divise la toile ayant le même nombre de carreaux que sur la gravure; par ce procédé, que nous tenons des anciens, nous avons toutes les places très-exactes. Je donne cette explication pour les élèves d'une certaine force qui voudraient copier une gravure ou un tableau pour le réduire ou l'augmenter.

Les modernes ont inventé le *diagraphe* et le *pantographe*, pour réduire seulement les tableaux. On s'en est servi pour les grandes toiles du *Musée* de Versailles, mais on n'a qu'une masse vague et sans détails.

UNE TÊTE ENSEMBLE.

Si les parties d'une tête, si bien dessinées qu'elles soient, ne se trouvent pas à leur place, une bouche, par exemple, qui n'est pas sous le nez, fait la grimace ; un œil trop haut, trop bas ou trop écarté, louche ; et le reste que fait-il ? Mais, si médiocres que soient dessinées ces parties, dès que les proportions et les places qu'elles occupent sont justes, l'ensemble aura toujours une forme humaine, et le professeur pourra faire corriger aux élèves leurs fautes, sans être obligé de prendre le crayon, et la tête aura toujours la ressemblance et l'expression du modèle.

Si les yeux, dès le début, sont habitués à reproduire des proportions et des distances justes, ils se formeront, comme les oreilles qui entendent chanter et jouer juste ; mais si vous n'exercez pas ces deux organes à voir et à entendre juste, ils perdront les dispositions qu'ils peuvent avoir, et au lieu de les développer on les étouffe, et les élèves se découragent sans savoir pourquoi.

Toutes les mains sont plus ou moins gauches dans le principe, elles ne sont adroites que par l'exercice des yeux, qui sont l'intermédiaire du cerveau et des doigts, ou de la main, comme les doigts sont l'intermédiaire des yeux et du crayon ; ce n'est que par le raisonnement qui se fait au cerveau, et qui se transmet des yeux à la main, qu'elle acquère de l'adresse ; à moins que les yeux ne soient défectueux, alors il y a solution de continuité entre le cerveau et la main ; dans ce cas, il n'y a rien à attendre d'eux.

Ce qui prouve ce que j'avance, c'est *Jean Jouvenel* qui, ayant été paralysé de la main droite en peignant son grand et beau tableau du *Magnificat*, fut obligé de le terminer de la main gauche, et pourtant elle n'avait jamais dessiné. Il y aurait une foule d'exemples à donner, malheureusement, à ce sujet.

L'AUTEUR

Comme professeur à *l'École communale de la Ville de Meaux*, dans les institutions religieuses où j'enseigne le dessin, les élèves d'une intelligence ordinaire, ont compris le moyen simple et le grand avantage de prendre les distances sur l'angle droit. C'est une occupation qui fixe l'attention des élèves, et qu'ils peuvent faire le premier jour qu'ils dessinent.

Avec un point de départ et un point d'arrivée, les élèves savent où donner les premiers coups de crayon, lesquels réunis forment un ensemble qui a l'aspect du modèle (1). Encouragés par ce résultat, loin de perdre un temps précieux à chercher une forme sur une place qu'ils n'ont pas, ils dessinent avec goût et sont heureux de voir les progrès qu'ils font d'un dessin à l'autre.

La distance ne donne pas la forme, il faut la trouver ; mais elle aide considérablement les élèves et les artistes qui la cherchent toute leur vie !

(1) L'architecte n'a que deux lignes, la courbe et la droite, qu'il obtient avec le compas et la règle ; celles du dessin de figure et d'ornement sont à l'infini et dans tous les sens.

POUR AVOIR LES DISTANCES.

Pour avoir les distances, ayez un sous-main assez grand, et qui dépasse les extrémités des deux lignes de l'angle droit tracé sur le modèle. Si vous voulez avoir la largeur d'un œil, je suppose, mettez le sommet de l'angle de votre sous-main sur le trou lacrymal, indiquez au crayon, sur le sous-main, par un signe, la place des deux lignes qui forment l'angle droit tracé sur le modèle, reportez les deux signes indiqués du sous-main sur l'angle de votre papier à dessiner, et le sommet de l'angle du sous-main sera la place du trou lacrymal, que vous indiquerez légèrement au crayon ; par ce même moyen vous aurez la largeur de l'œil, celle du nez et sa hauteur, celle de l'oreille, la largeur de la bouche et toutes les parties qui composent une tête ou un sujet.

Comme les petites distances sont plus faciles à apprécier, surtout ayant les principales qui aident les élèves à comparer, ils peuvent, en raison de leur force, se dispenser de les prendre.

Dès que l'élève aura obtenu deux points, il doit s'empresser d'en occuper l'espace par une ligne simple et légèrement indiquée, courbe, droite ou oblique, qu'on appelle plans. La réunion de ces plans formera des angles plus ou moins obtus ou aigus, que l'élève arrondira à l'esquisse.

Une fois que tous les morceaux sont ainsi placés, l'élève pourra étudier ses détails. L'esquisse terminée, il exprimera le côté de l'ombre par un trait pur et bien accusé dans les dessous. Il peut ensuite ombrer sans être obligé de chercher la forme et l'ombre, ce qui est impossible aux élèves qui ne sont pas de force à dessiner d'après la bosse ou la nature vivante.

Je ne connais pas de moyen pour diminuer la difficulté des ombres, qui sont, pour tous les commençants, plus difficiles que le contour : mais ce qu'il y a de certain, c'est que les progrès de l'ombre se font en même temps que ceux des contours, par le moyen que je donne.

Comme la ligne ou contour renferme l'ombre, si elle est bien dessinée, l'ombre qui en dépend, sera toujours mieux modelée que si elle était limitée dans une forme mal dessinée et sans proportions.

L'ANGLE DROIT.

Au moyen de l'angle droit, les élèves peuvent trouver toutes les distances de leurs modèles.

Il faut tracer l'angle à la règle sur un des côtés de son modèle ; si c'est une tête que vous dessinez, que la ligne verticale passe sur le contour de la pommette ou sur le front si la tête est de profil ; que la ligne horizontale passe au bas du menton ; avec ces deux lignes vous aurez l'angle droit fixé, sur lequel vous prendrez toutes vos distances. On pourrait le mettre à une autre place que celle indiquée, dans le cas où on voudrait conserver son modèle intact, on peut se servir d'un des angles de son modèle, et on obtiendrait le même résultat. Pour un paysage ou un ornement, on peut se servir du même moyen.

Si vous voulez avoir votre dessin placé juste comme celui du modèle, il faut mettre la feuille de papier à dessiner sur celle de son original, et vous indiquerez au crayon sur la feuille à dessiner, la place de l'angle, vous le tracerez légèrement à la règle ou à la main, et vous aurez la place que doit occuper votre dessin.

SUITE DES CONSEILS DONNÉS AUX ÉLÈVES.

Il faut prendre la hauteur de la tête avec sa largeur, en dessiner l'ovale ; si la tête est de face, la diviser par une ligne verticale, et si elle est de trois quarts par une ligne un peu courbe. Tracer la ligne des yeux, celle des cheveux, du nez à peu près de sa largeur, de la bouche également, l'oreille, le cou, les épaules, la draperie, et chercher la place de toutes les parties qui composent la tête, comme je l'ai conseillé plus haut.

Il faut que les élèves n'oublient pas d'indiquer les contours légers et vagues ; si les lignes simples sont trop appuyées et trop noires, ils ne peuvent pas les effacer avec la mie de pain, ni corriger leurs fautes aussi facilement que si elles étaient légères. Ils se trouvent entraînés à faire un contour encore plus noir à ceux déjà faits, mais comme on est obligé d'effacer bien des fois pour arriver à trouver une forme passable, les élèves comprendront la nécessité de ne pas appuyer en dessinant, surtout les premiers contours.

Pour bien faire comprendre aux élèves ce que j'appelle lignes simples et lignes composées, je vais leur donner un exemple.

Je suppose que votre modèle représente une tête de femme, ayant au cou un collier en perles à plusieurs rangs, terminés par une croix également garnie, et descendant sur la poitrine, vous commencerez par placer le collier et la croix avec deux lignes légèrement indiquées, ayant la largeur des perles, puis vous diviserez les lignes du collier ayant le même nombre de perles avec ses places justes, et ensuite vous les arrondirez : les lignes simples se trouvent ainsi composées. Il faut que les élèves n'oublient pas cet exemple lorsqu'ils dessinent.

J'engage les élèves à ne pas dessiner sur du carton *Bristol*, parce qu'il est satiné ; le crayon glisse, la main hésite, et ils finissent par tomber dans le noir et la sécheresse des contours, sans pouvoir modeler.

Pour apprendre à dessiner, il faut avoir du papier bis à cinq centimes la feuille, et un peu gros, comme en prenaient nos maîtres. De même, pour apprendre à peindre, il faut avoir une grosse toile, sur laquelle on puisse empâter et donner des touches franches et carrément appliquées. C'est ainsi que l'on conserve ses lumières et la fraîcheur de sa couleur. Les toiles fines sont à la peinture ce que le *Bristol* est au dessin.

Comme je ne m'adresse pas aux intelligences épaisses et obtuses, lors mêmes qu'elles pourraient être consultées comme un gros dictionnaire, les élèves intelligents comprendront bien l'explication et les conseils que je leur donne, s'ils veulent apprendre à dessiner seuls, ils le peuvent, et obtiendront une force assez grande pour exercer leur profession de manière à la rendre plus lucrative, et se trouver bien supérieur à celui qui ignore le dessin.

Toutes les facultés s'oublient en grande partie si on ne les pratique pas ; il n'y a que le dessin qui reste lorsqu'on n'a pas dessiné par routine, et que l'élève a été bien enseigné. Le coup-d'œil et l'adresse restent toujours à la disposition du dessinateur (1).

---

(1) Il n'en est pas de même de la danse et de la musique, qui demandent des répétitions continuelles, sans ces exercices que feraient les jambes d'une danseuse et les doigts d'une musicienne ?

LE DESSIN LINÉAIRE.

Le dessin provoque la pensée, et la pensée fait naître des idées, sans lesquelles il n'y a pas de création possible.

Il y a deux sortes de dessin : le dessin théorique, qui s'élabore au cerveau, et le dessin pratique, qui se fait à la main. Ce dernier dessin est le résultat d'une dépendance directe et subordonnée à la théorie du raisonnement.

J'ignore si Jacquart, mécanicien, inventeur du métier qui porte son nom (1752 à 1834), si Marc Klotz, américain, inventeur d'une machine à coudre, et ceux qui ont inventé ces belles machines à tisser, savaient le dessin.

Dans tous les cas, la pensée première leur est venue comme un éclair. C'est le point de départ de toutes les belles inventions. L'idée vient ensuite, mais confuse, vague, et peu à peu elle se fortifie par la pensée, elle se dessine d'une manière fictive, et pour qu'elle ne vous échappe pas, il faut la fixer. Si vous savez dessiner, à défaut de papier et de crayon, vous prenez un morceau de charbon ou de bois, et sur le mur ou sur le sable, vous tracez les premières lignes de vos idées.

Celui qui ne sait dessiner qu'avec son compas et sa règle, le temps d'aller chez lui et se mettre en train, il a tout oublié. C'est le crayon qui doit faire le premier croquis de la pensée.

Le dessin linéaire, appliqué à l'industrie, est un dessin purement pratique ; vous ne pouvez l'exécuter avec succès qu'autant que vous saurez le dessin d'ornement, sans lequel vous dessinez par routine et sans discernement ; vous êtes arrêté par le modelé des ombres, et à la moindre difficulté qui se présente, surtout si vous avez à dessiner un ornement (1).

Que de belles pensées ont été livrées avec confiance et prises par certains dessinateurs, au préjudice des inventeurs. L'homme qui ne sait pas écrire, quelle pensée peut-il émettre ? celui qui ne sait pas dessiner est de même.

L'étude du dessin et de la peinture, généralement, convient aux natures simples et modestes. Elles aiment peu le monde et la toilette : mais elles aiment le silence de l'atelier, la méditation, la musique, la campagne, les fleurs et la poësie.

―――――

(1) Le dessin d'ornement devrait être obligatoire et gratuit, dans toutes les écoles, à compter de 11 ans. C'est ce qui se fait dans tous les colléges.

RÉFLEXIONS DE L'AUTEUR.

Nous tenons tout des sculpteurs *Grecs* et des peintres *Italiens!* Nous sommes obligés de le reconnaître et de nous incliner devant leurs chefs-d'œuvre! Il y a une cause, plusieurs même, et qui seront toujours en France un principe de médiocrité relative!

La première cause, c'est cette armée de peintres, sculpteurs à qui on a donné le jour et la facilité d'étudier gratuitement, en leur ouvrant à deux battants les portes de toutes les écoles du gouvernement, sans s'assurer s'ils avaient une instruction élémentaire; et, plus tard, celle de ce grand *bazar* de tableaux, exposés au palais de l'Industrie, et cela toutes les années!

Le talent, quel qu'il soit, se dégrade moralement et intellectuellement lorsqu'il n'est pas occupé en raison de sa force! Si le talent ne peut vivre, pourquoi donc le développer outre mesure; celui qui ne trouve pas l'équivalent des sacrifices qu'il a faits dans sa jeunesse, se retourne contre la société!...

Il eut été facile d'éviter le malheur des artistes, des familles et de toute la France, en ne favorisant pas ce déclassement qui est aussi funeste à une nation que le débordement d'un fleuve dans une contrée.

Depuis un demi-siècle, on aurait dû exiger un diplôme de bachelier ès-lettres aux élèves de l'école des Beaux-Arts, en se faisant inscrire, avant le concours.

A celles de *Lyon, Marseille, Bordeaux* et *Rouen*, un *brevet* de capacité de premier degré. C'était le seul moyen, tout en laissant la liberté de choisir une profession, dite libérale, d'éloigner cette fourmillière d'écoliers prétentieux, dont l'éducation, l'instruction et la position de fortune, ne cadrent pas avec la profession d'artiste, qui demande plus de conditions que le commun des hommes ne peuvent en soupçonner.

Ne pouvant être dans les arts, ils auraient appris la profession manuelle de leur père, dont ils rougissent très-souvent. Ils seraient dans le commerce ou l'industrie, position tout aussi honorable, plus libre et plus lucrative ! Moins la perspective de vivre en habit noir dans la misère, mourir à l'hôpital ou par le suicide !...

J. DUMONT (de Monteux),

artiste-peintre professeur.

2ᴹᴱ PARTIE.

Dans l'espoir qu'un abrégé biographique des principaux peintres des écoles d'Italie et des peintres français, sera lu avec intérêt par les amis des arts et ceux qui s'occupent du dessin, j'ai pensé devoir l'ajouter à la suite du traité des distances.

L'histoire de la peinture est celle de la civilisation, sa décadence s'annonce toujours par celle des Beaux-Arts!...

Tous les peuples et les souverains ont hérité du génie des artistes!

L'art de la peinture commença à sortir des ténèbres et de l'ignorance, lorsque Cimabué, instruit par les peintres grecs mandés par le sénat de Florence, se distingua à la détrempe et à la fresque. Giotto fut son élève, et il en forma beaucoup d'autres. Antoine de Messine, 1430, fut le premier Italien qui peignit à l'huile (1).

(1) On suppose que c'est Van-Eyck, flamand, 1420, qui l'aurait inventée.

André Varrochio fut le maître du Pérugin et de Léonard de Vinci, Après la prise de Constantinople (1458), tous les artistes grecs de Byzance vinrent se réfugier en Italie, et continuèrent leur manière de peindre, à qui on donna le nom d'école *byzantine*. On peut la reconnaître, à son style, par la sécheresse de ses contours, dans ses formes maigres et ses proportions excessivement allongées, et par la raideur sévère de ses poses ; dans les draperies, par de petits plis serrés et parallèles, une couleur terne se détachant sur un fond d'or.

La sculpture byzantine est reconnaissable comme la peinture, par la maigreur des formes et ses longues proportions.

Cette école donna naissance à plusieurs autres, en Italie, mais elle fut bientôt dépassée par l'école *vénitienne, florentine, bolonaise et romaine.*

ÉCOLE VÉNITIENNE.

Le Titien (1477).

Il est le chef de cette école, et il figure parmi les grands coloristes. Son dessin est aussi savant que sa couleur est belle. Le Musée du Louvre a de lui plusieurs de ses chefs-d'œuvre. Le *Christ au tombeau*, le *couronnement d'épines*, le *portrait de François Ier* et beaucoup d'autres qu'il serait trop long d'énumérer. La carrière du Titien dans les arts est la plus belle qu'un artiste puisse désirer, après celle de Raphaël. Ses travaux sont considérables ; il a eu pour protecteurs tous les princes de son siècle, et, pour amis, les personnages les plus illustres. Il est mort de la peste, à Venise (1576). Il vécut 99 ans.

Le Georgion (1478).

Il fit ses études à Venise, et fut le camarade du grand Titien. Mort à Venise (1511).

Le Tintoret, né à Venise (1512).

Il fut peu de temps disciple du Titien qui, jaloux de lui, le renvoya de son atelier. Le Tintoret est le génie le plus fécond de l'Italie, il est mort en 1594.

Léon Cognet, membre de l'Institut, a fait un beau tableau de la mort de Marie Tintoret, la fille de son frère.

BASSAN (Jacques), né à Bassano (1510).

Il fut élève de son père et étudia les tableaux du Titien et les dessins du Parmesan. Il produisit, pendant sa longue carrière, un grand nombre de tableaux et de très-beaux portraits. Mort dans la même ville en 1592.

VÉRONÈSE (Paul), né à Vérone (1528).

Il était fils d'un sculpteur, mais le goût de la peinture, de l'architecture et de la perspective l'emportèrent sur la sculpture. Après avoir été à Rome étudier les peintures de Raphaël, de Michel-Ange et les chefs-d'œuvre de l'antiquité, il revint à Venise, et malgré sa grande facilité d'exécution, il ne put satisfaire à toutes les demandes qui lui furent faites.

Des églises entièrement peintes par lui. Le palais ducal est rempli de ses grandes œuvres. Ses tableaux se trouvent répandus dans toutes les galeries de l'Europe. Le Louvre a plusieurs tableaux de ce grand coloriste. Les *Noces de Cana* que tous les visiteurs connaissent, le *Disciple d'Emaüs*. Mort à Vérone (1588).

ECOLE FLORENTINE.

C'est au génie de la taille de Michel-Ange (1474) à qui nous devons l'église nouvelle de Saint-Pierre de Rome. Aidé du Vignole et du Bramante, et de plusieurs autres architectes qui furent choisis par Jules II, pape, et Léon X, son successeur.

Michel-Ange a peint à la fresque la voûte de l'église et la chapelle Sixtine, la *Chute des Anges* et le *Jugement dernier*.

L'école des Beaux-Arts a une copie du *Jugement dernier*, peinte par Sigalon. La galerie du Louvre a une peinture sur bois que l'on dit être de Michel-Ange. C'est *David terrassant Goliath*. Ce grand homme est mort à Rome (1564), âgé de 90 ans. Tout ce qu'on a dit de l'église Saint-Pierre de Rome n'a rien d'exagéré. Il y a des beautés qui saisissent, qui étonnent et qui frappent l'imagination la plus vive et même la plus riche.

Ceux qui disent que rien au monde n'est au-dessus de l'église Saint-Pierre de Rome, est une vérité que tous les écrivains, les peintres, les architectes, les sculpteurs et les hommes capables d'en juger affirment.....

Bartolommeo (Fra) (1469).

Se trouvant à Florence avec Raphaël, il lui donna des leçons de peinture. Ces leçons étaient le fruit de ses études d'après l'antique et celles de Léonard de Vinci. Ses belles peintures sont répandues dans plusieurs villes d'Italie.

Nous avons au Louvre deux beaux tableaux. La *Salutation angélique*, la *Vierge sainte Catherine de Sienne* et plusieurs saints.

Giotto (1276-1336).

Peintre, sculpteur, architecte. En gardant son troupeau de moutons, il fut surpris, par Cimabué, dessinant une brebis sur le mur. Cimabué l'emmena avec lui et se chargea de l'instruire ; il fit de tels progrès qu'il dépassa son maître.

Il fut à Rome, Milan, Naples, Vérone, et laissa un souvenir de ses œuvres dans toutes ces villes. La plupart détruites maintenant. Il eut pour amis les plus grands hommes de son siècle, Bocace, Pétrarque et le Dante.

Le musée du Louvre a un tableau de lui, c'est *saint François d'Assise recevant les stigmates*.

Léonard de Vinci (1452), peintre, sculpteur, architecte et musicien.

Sur les instances de François Ier, il vint à Fontainebleau, suivi de plusieurs de ses élèves. Le musée du Louvre a plusieurs tableaux de lui, une copie de la *Cène*, dont l'original est au réfectoire du couvent de Sainte-Marie-des-Grâces, peinte à l'huile, sur le mur. La *Vierge*, l'*Enfant Jésus* et *sainte Anne*; *Saint Jean-Baptiste*; *Portrait de la Joconde* et celui de la *belle Féronnière*, maîtresse de François Ier. Mort à Fontainebleau, entre les bras, dit-on, de François Ier (1519).

Vannucchi (Andréa del Sarte), né à Florence (1488).

Il fut élève du Pérugin. Il étudia beaucoup les cartons de Léonard de Vinci et de Michel-Ange. Ces grandes et belles peintures, faites dans les couvents et les églises, firent sa réputation. Plusieurs de ses tableaux ayant été vus et admirés par François Ier, il le fit venir à sa cour. Ses travaux lui furent largement payés par le roi. Mais sa femme, restée à Florence, qu'il aimait beaucoup, le décida à revenir, et, malgré les promesses qu'il fit à François Ier, il ne revint plus. Il mourut à Florence (1530).

ÉCOLE BOLONAISE.

D'après les grands noms sortis de l'école *Bolonaise*, elle doit être considérée comme la plus célèbre de toute l'Italie.

Rosso ou Maître Roux, né à Florence (1496).

Il est plus connu en France que dans son pays. Il n'eût pas de maître, il suivit la manière de Michel-Ange et du Parmesan. Il fut un des architectes de Fontainebleau; il fit bâtir la grande galerie et en fit les peintures en concurrence avec le Primatice, qui lui succéda après sa mort (1). Maître Roux mourut à Paris (1541).

Primatice (François), né à Bologne, de parents nobles, en 1504.

Il était peintre, sculpteur, architecte, élève de Jules Romain.

---

(1) Maître Roux et le Primatice apportèrent en France le goût de la peinture italienne. Les artistes français reconnurent leur supériorité. aussi, changèrent-ils leur manière de peindre.

Demandé par François Ier, il vint en France, en 1531. Jaloux de Maître Roux, le roi lui donna une mission. Il retourna en Italie et en revint avec une grande quantité de figures antiques. Le *Creux du Laocoon*, la *Vénus de Médicis* et la *Cléopâtre*.

Tous ces magnifiques modèles furent fondus en bronze et placés à Fontainebleau. Mort à Paris (1570).

CORRÉGE (Antoine) (1494).

Le talent du Corrége lui est personnel ; ses tableaux ne sont que l'expression de sa pensée et de la nature, dont il s'est servi dans toutes ses productions. Michel-Ange, seul, a pu lui donner le goût des raccourcis.

Les amateurs qui aiment les formes gracieuses, la peinture vaporeuse, limpide, suave et riche en couleurs, trouveront tout ce qu'ils peuvent désirer dans les tableaux du Corrége. Nous avons, au Louvre, deux beaux tableaux de lui, le *Sommeil d'Antiope* et le *Mariage mystique de sainte Catherine d'Alexandrie*. Mort à Corrègio, en 1534.

PARMESAN (François), né à Parme (1504).

Il quitta la peinture, malgré ses grandes et belles qualités, pour faire de la chimie, il mourut misérable, en 1540.

Carrache (Annibal) (1560).

L'époque la plus brillante de l'école bolonaise est celle où parut Annibal Carrache. Cet artiste se forma en étudiant les plus grands maîtres, à Rome, à Florence, à Venise et à Parme. Revenu à Bologne, il ouvrit, avec ses deux cousins, Louis et Augustin Carrache, une école de peinture. Le Guide, l'Albane et le Dominiquin, vinrent grossir ses nombreux élèves. Annibal Carrache fut appelé à Rome par le cardinal Odoardo Farnèse pour décorer la galerie de son palais. Après ce grand travail, sa santé s'altéra. Il mourut à Rome, où il fut enterré, près de Raphaël (1609).

Le musée du Louvre a plusieurs de ses beaux tableaux : la *Naissance de la Vierge,* la *Résurrection de Jésus-Christ* et le *Christ mort sur les genoux de la Vierge.*

L'Albane, né à Bologne (1578).

Il fit de grands tableaux, sous la direction d'Annibal Carrache, son maître. Ce qui contribua à sa réputation, ce sont ses sujets gracieux, tirés de la mytologie, dans lesquels les Vénus, les Adonis, les Amours et Apollon dominent. Mort à Bologne (1660). Le Musée du Louvre a, de lui, beaucoup de ses tableaux, pleins de grâces, de lumières larges, franches et pures.

Le Guide (1575).

Élève d'Annibal Carrache. Il était doué d'une rare facilité d'exécution. Il fit de grandes et savantes peintures, il ne pouvait répondre à tous les travaux qui, d'abord, lui étaient proposés ; mais la passion du jeu vint éclipser sa brillante carrière; il y perdit des sommes considérables, et finit par faire de la peinture à vil prix, et, déjà vieux, il mourut dans la misère, en 1642.

Le Louvre a de bien belles toiles de lui : *David vainqueur de Goliath*. Il n'est pas donné à tous les artistes de faire un beau tableau avec une seule figure !

Le *Combat d'Hercule et d'Acheloüs*. Cette peinture est aussi belle qu'elle est puissante, par la force de son dessin et celle du modèle.

Le *Centaure Nessus enlevant Déjanire* est d'une beauté remarquable par sa couleur et son aspect grandiose. Ces trois grandes toiles sont bien dignes de figurer parmi les plus belles peintures de Raphaël, au salon carré.

Zampieri ou le Dominiquin (1581), peintre, architecte.

Il fut élève d'Annibal Carrache, mélancolique et timide, son talent fut reconnu plus tard. Il travailla à la galerie Farnèse sous la direction de son maître. Grégoire XV (1621). Son protecteur lui donna des travaux et le nomma son architecte. Après la mort de Grégoire, il fut demandé à Naples pour exécuter de grands travaux. Il y mourut à la suite de persécutions faites par la jalousie des confrères napolitains (1641).

La *Communion de Saint-Gérome* est un de ses grands et beaux tableaux. Le musée du Louvre en possède plusieurs autres.

RAPHAEL SANZIO, peintre, architecte, né à Urbin (1483-1520).

Je crois que quelques détails donnés sur la vie de Raphaël augmenteront l'intérêt de cette biographie.

Les premières leçons de dessin lui furent données par son père; mais orphelin à 12 ans, ses oncles le mirent chez Luca Signorelli, qui peignait une église à Urbino (1494), lequel lui donna des leçons jusqu'au moment d'entrer à l'atelier du Pérugin, qui était en grande réputation à cette époque.

Le jeune Raphaël fit des progrès rapides et surpassa tous ses camarades. Il quitta l'atelier du Pérugin (1500), pour aller à Citto Castello, où il peignit plusieurs tableaux. Puis à Florence, où il reçut les conseils de (Fra) Bartolommeo.

Il fut à Pérouse, il revint à Florence, puis à Rome ou la fortune l'attendait. Bramante l'architecte de Saint-Pierre de Rome, le présenta à

Jules II, qui lui donna une salle à décorer au Vatican, dans laquelle il peignit la *dispute du Saint-Sacrement, L'école d'Athènes, Le Parnasse,* la *Jurisprudence,* et la *Bataille de Constantin.* Toutes ces peintures sont faites à la fresque.

Lorsque Léon X succéda à Jules II, il combla Raphaël de ses bonnes grâces, d'honneurs et de grands travaux. Raphaël ne pouvant exécuter tout ce qui lui était demandé pour les loges, il se fit aider par ses nombreux élèves. Il composa pour les chambres du Vatican cinquante-deux sujets tirés de la Bible qui furent exécutés presque tous par ses meilleurs disciples.

Les travaux de Raphaël sont immenses, il serait difficile, impossible peut-être, d'en donner la nomenclature. Le musée du Louvre a de lui la plus belle peinture du monde, c'est la *Sainte-Famille,* offerte à François 1er pour le prix du *Saint-Michel,* qui lui avait été royalement payé. Le roi répondit qu'il acceptait la *Sainte-Famille* et il doubla le prix du *Saint-Michel,* et l'invita à venir à sa cour, mais Léon X s'y refusa.

Le Louvre a ces deux belles toiles qui sont en face l'une de l'autre dans le salon carré avec la *Belle Jardinière,* la *Vierge, Sainte Elisabeth, l'Enfant Jésus caressant le jeune Saint Jean,* la *Vierge, l'enfant Jésus endormi, le Jeune Saint Jean,* et le *Portrait de Jeanne-d'Aragon.*

Ce grand homme est né un vendredi saint et est mort à Rome un vendredi saint (1483). La cour de Rome lui fit des mêmes funérailles qu'à un prince de l'église.

LÉON X (1513 à 1522).

C'est à ce prince de l'église, ce grand ami des arts, des sciences et des lettres, que nous devons la renaissance de la peinture. Il fit appel à tous les artistes de l'Italie pour décorer la vaste église de Saint-Pierre de Rome. Que l'on se figure Raphaël d'un côté et Michel-Ange de l'autre; ces deux grands génies entourés de leurs élèves, et travaillant dans le silence de leurs pensées. Ce silence était souvent interrompu par les visites de Léon X, accompagné de ses cardinaux qui venaient les encourager par leur présence, par de bonnes paroles et des compliments comme en savant dire les hommes de goût qui s'y connaissent.

C'est à la magnificence de Léon X, que nous devons aussi ces belles tapisseries, composées par Raphaël au nombre de vingt-cinq. C'est d'après ses cartons que la manufacture d'Arras en exécuta les tapisseries, elles furent enlevées à la prise de Rome (1527), par le connétable de Bourbon et rendues au Vatican par le connétable de Montmorency. Soustraites de nouveau à la fin du siècle dernier, ces tapisseries furent vendues à des juifs qui en brûlèrent plusieurs pour en retirer l'or qui était mêlé au tissu, et ils les auraient toutes brulées, si le cardinal Braschi, prévenu à temps, n'eut empêché cet acte de vandalisme, en achetant celles qu'il put sauver.

Saint Etienne, cathédrale de Meaux, a dans le chœur de l'église six grands tableaux qui sont : La *Pêche Miraculeuse*, le *Martyr de Saint-Etienne*, *Saint Paul et Saint Barnabé à Lystres*, *Jésus donnant les clefs à Saint Pierre*, *Saint Paul à Athènes*, et deux autres derrière le chœur en face la statue de Bossuet. C'est la *Mort d'Ananie* et la *Guérison des boiteux*.

Toutes ces peintures ont été faites par les élèves de l'école de Rome, copiées d'après les tapisseries qui sont au Vatican, dans la galerie des tapisseries.

Il existe sept autres cartons (1) de Raphaël qui font partie des vingt-cinq, lesquels ont été sauvés par miracle. Ils sont très-beaux et parfaitement conservés, aussi font-il la gloire de l'Angleterre. Ils sont au palais de Hampton-Court. Les Anglais sont heureux de les faire voir aux étrangers qui en font la demande.

ROMAIN (JULES), né à Rome (1499), peintre, architecte, ingénieur.

Il entra très-jeune à l'école de Raphaël, qui le prit en affection. Il fit de rapides progrès il n'avait

(1) Dans les arts, on appelle cartons, les dessins terminés, faits d'après nature par le peintre, qu'il met aux carreaux, lesquels sont répétés sur la toile ou sur le mur, il copie ses dessins, en fait une peinture à l'huile ou une fresque.

que 16 ans lorsque Raphaël lui confia plusieurs sujets à peindre d'après ses dessins pour les loges du Vatican.

Raphaël, en mourant, le fit son héritier ainsi que Penni, et tous les deux terminèrent les travaux inachevés. Il mourut à 47 ans (1546). Nous avons au musée du Louvre : La *Nativité*, la *Vierge à l'enfant Jésus et Saint Jean*, le *Triomphe de Titus et de Vespasien*, et *le portrait de Jules Romain* peint par lui même.

POLIDORE (DE CARAVAGE) (1495).

Il préparait le mortier qui devait servir pour les peintures à fresque du Vatican, où travaillait Raphaël. Les ouvrages de ce grand maître lui donnèrent l'amour de la peinture. Jean Udine, lui enseigna le dessin. Ses progrès furent si rapides que Raphaël l'employa aux peintures des loges et des chambres au Vatican, il fut un des bons élèves de Raphaël, il mourut assassiné à Messine (1543). Ses tableaux sont très-rares. Le Louvre n'a qu'un tableau du Caravage : *Psyché reçue dans l'Olympe*.

PÉRUGIN, dit le VANNUCCI (1446).

Il fut élève de Verocchio, ses progrès furent si rapides qu'il eut en peu de temps une grande réputation.

Ses tableaux furent recherchés non-seulement en Italie, mais en France et en Espagne. Surchargé de travaux, son amour pour le gain, lui fit négliger sa manière de peindre, et ne resta pas à sa hauteur primitive. Le Pérugin eut de nombreux élèves, Raphaël en fut un dont la réputation universelle reflète sur son maître.

Le musée du Louvre a plusieurs tableaux du Pérugin ; le plus remarquable par sa fraîcheur et sa pureté de dessin, se trouve à droite à l'entrée du salon carré, c'est la *Vierge tenant l'enfant Jésus*, de forme ronde.

Il mourut aux environs de Pérouse (1524).

AU PRINCE DE LA PEINTURE.

Que vous êtes beau Raphaël que vous êtes grand dans toutes vos créations ! comme une ombre vous êtes passé sur cette terre, mais votre nom vivra autant que le monde, il est immortel ?.....

Vous n'avez jamais, comme ces grands capitaines anciens et modernes, fait couler des larmes de sang, ni couvert d'un crêpe funèbre le cœur des nations !.....

Comme la rosée qui ranime et réveille le monde, vous avez répandu la béatitude dans les églises et la joie dans la famille, par vos images et vos belles pensées.

Si vous savez ce qui se passe en ce monde, vous devez être heureux de voir le respect et le prix que les souverains de la terre et tous vos amis mettent à vos belles œuvres ?.....

ÉCOLE FRANÇAISE.

Si les écoles d'Italie intéressent les amis des arts, des sciences et des lettres, l'école française doit, à juste titre, intéresser celui qui, sans se passionner pour un pays, une école ou un homme, sait reconnaître le beau et le bien où ils se trouvent.

Les quelques peintres français qui décoraient à la fresque nos églises, avant le XVIe siècle, et que nous puissions nommer, sont : Clouet, Martin Fréminet, Toussaint Du Breuil et Jean Cousin, peintre, sculpteur. Le Louvre a, de lui, le jugement dernier, forme ronde.

Ces peintres durent se perfectionner en travaillant, à Fontainebleau, sous la direction de Léonard de Vinci, de Maître Roux et du Primatice, que François Ier fit venir d'Italie. Néanmoins, la peinture serait restée le patrimoine des étrangers, si nous n'avions pas eu Simon Vouet, qui, d'après les peintures qu'il vit à Fontainebleau, et poussé par l'amour de la peinture, il n'eût été en Italie, qui est la source du beau et de l'inspiration !

Simon Vouet, peintre et graveur, né à Paris (1590).

Il alla d'abord à Venise étudier les œuvres du Titien et celles de Paul Véronèse, et à Rome, celles de Raphaël, du Guide et de Caravage.

Dès son retour à Paris, il fit les portraits de tous les grands seigneurs de la cour de Louis XIII, celui de Richelieu et celui du Roi, à qui il donnait des leçons de dessin au pastel.

Il fut chargé de décorer le Luxembourg, Saint-Germain-en-Laye, et différentes églises. Il était, à Paris, ce que Paul Véronèse était à Venise, et ce qu'était Corneille pour le théâtre. Les élèves qui sortirent de son atelier lui firent le plus grand honneur. Nous citerons : Le Sueur, Mignard, Le Brun et de Lahire. Ces grands noms soutinrent l'école française, que Simon Vouet avait fondée.

Il mourut à Paris. (1649).

Le Poussin (Nicolas), né en Normandie (1494).

Poussé par la force de son génie, il comprit que Rome était le sanctuaire des arts anciens et modernes, et qu'il n'y avait qu'en Italie, où les artistes pouvaient étudier et se former.

Malgré l'amour et la passion de son art, s'il était resté en France, il n'aurait jamais été ce qu'il est. C'est Rome qui a fait Le Poussin, et ous les trésors renfermés dans cette grande cité. Malgré le brevet de premier peintre du Roi, et les grands travaux qui lui furent commandés par Louis XIII, dans l'espoir de se l'attacher ; dès que ces tableaux furent terminés, il retourna à Rome pour s'y fixer, et donner cours à ses belles pensées.

Il demeura près de Claude Lorrain et de Salvator Rosa, sur le Monte-Pincio.

Les travaux du Poussin sont considérables. Nous avons, au Louvre, ses plus belles œuvres, une surtout, qui est une création hors ligne : c'est *le Déluge*!

Il n'y a pas de mots pour rendre toutes les beautés renfermées dans ce tableau! Il n'y a que les yeux des connaisseurs en peinture, qui peuvent comprendre et apprécier ce chef-d'œuvre!... Le Poussin doit être considéré comme le Raphaël de l'école française!

Le Sueur (Eustache), né à Paris (1617-1655).

Il fut élève de Simon Vouet, chez lequel il fit de rapides progrès. Sans aller à Rome, il a étudié tous les grands maîtres de l'Italie, d'après les études de Simon Vouet, qu'il fit à Rome et à Venise; il a même étudié Le Poussin. Sans toutes ses bonnes études, Le Sueur n'aurait pas eut le talent qu'il a acquis.

Nous avons, au Louvre, un grand nombre de tableaux très-remarquables par la pensée religieuse qui le dominait, par le style et la correction du dessin. Tous les amis des arts, qui habitent Paris, connaissent les vingt-deux tableaux de la *vie de saint Bruno et la prédication de saint Paul à Éphèse*: ce tableau est un des beaux du Louvre. Le Sueur est mort à 38 ans. Il fut enterré dans l'église Saint-Etienne-du-Mont.

Le Brun (Charles), né à Paris (1619).

Il était peintre et architecte. Il a hérité, comme Simon Vouet, son maître, des faveurs royales; il en était digne et pouvait, par son immense talent et sa grande fécondité, répondre à toutes les demandes qui lui étaient faites. A Rome, il a étudié l'antique et les belles peintures renfermées au Vatican; il comprit, comme Le Poussin, à qui il était recommandé, qu'il n'y avait qu'en Italie où les élèves pouvaient compléter leurs études. Aussi, c'est à Le Brun que nous devons la fondation de l'école de Rome pour les grands prix de peinture. (1677).

Les travaux de Le Brun sont trop considérables pour pouvoir les mentionner dans une revue aussi rapide.

La fortune se fatigue des faveurs qu'elle nous donne; elle se retire et les accorde à d'autres. Après la mort du grand Colbert, Louvois, son successeur, opposa Mignard à Le Brun, déjà âgé et fatigué par ses grands travaux. Il cessa d'aller à la cour, et finit par en mourir de chagrin.

Notre musée du Louvre a de lui vingt-sept grands et beaux tableaux ; les plus importants sont : l'*Entrée d'Alexandre dans Babylone*, la *tente de Darius*, *Alexandre et Porus* et la *Bataille d'Arbelles*. Malgré ses défauts et les critiques plus ou moins fondées, il y a peu de peintres de cette taille-là !... Il est mort aux Gobelins, dont il était le directeur. (1690).

Mignard (Pierre), peintre, né à Troy (1610).

C'est à Rome qu'il étudia les grands maîtres d'Italie comme le fit le Brun dans sa jeunesse. Il fut nommé premier peintre du roi, à la place de Le Brun, et lui succéda dans toutes ses charges.

Malgré les faveurs et la réputation que les grands seigneurs voulurent lui accorder, il était bien loin de valoir Charles Le Brun. Son grand mérite est d'avoir été protégé par le ministre Louvois, d'avoir été l'ami intime de Molière et surtout de nous avoir laissé le portrait de ce grand homme?

Fosse (Charles de la), né à Paris (1636), mort dans la même ville (1716).

Il fut un élève de Le Brun, et malgré cela il n'eut pas le grand prix de Rome ; il éprouva le besoin d'aller à la source des beaux modèles. Il fut à Rome étudier le Guide, le Dominiquin, Annibal Carrache et Raphaël. Il envoya plusieurs études à son père qui les fit voir au ministre Colbert, il en fut si satisfait qu'il obtint du roi une pension pour continuer ses études. Il se rendit ensuite à Venise pour y étudier les grands coloristes.

A son retour à Paris, il travailla avec Le Brun à la galerie de Versailles, à Meudon, et pour plusieurs églises de Paris. Il fut reçu à l'académie (1673). Lord Montaigu, qu'il avait connu à Rome, lui fit décorer son palais à Londres. Georges III en fut si satisfait qu'il voulut que la Fosse lui peignit la galerie de Hompton-Court. Obligé de rester à Paris pour succéder à Mignard, qui était trop âgé pour entreprendre les peintures de la coupole des Invalides, de la Fosse les fit à la fresque.

Cette immense peinture lui fit le plus grand honneur; il remplaça Mignard dans toutes ses charges.

Le Louvre a de lui six tableaux, ses meilleurs sont : *l'Enlèvement de Proserpine*, *Moïse sauvé des eaux* et *le Sacrifice d'Iphigénie*.

JOUVENET (Jean), né à Rouen (1644-1717).

Il fut élève de son père qui avait donné au célèbre Poussin, les premiers principes du dessin. Il vint très-jeune à Paris, il entra à l'atelier de Le Brun, où il fit de rapides progrès. Il a hérité de son maître, sa manière large et facile dans l'exécution de sa peinture.

Si Jouvenet, avec ses grandes qualités et l'imagination féconde dont il était doué, eût été à Rome étudier l'antique, les œuvres des grands peintres, et à Venise, celles des coloristes, il aurait compris toutes les beautés et les ressources de son art, et n'aurait pas été entraîné à faire toute sa vie de la peinture décorative, et la France aurait eu un grand peintre qui aurait fait école.

Ce n'est pas la hauteur ni la largeur d'une toile qui fait le mérite d'un peintre, c'est la pensée qu'elle renferme d'abord, la composition, l'harmonie, la couleur et le dessin qui sont le fruit de longues études.

Il fut nommé membre de l'académie et directeur de l'école. Le Louvre a douze tableaux de lui, ces principaux sont : *la Résurrection de Lazare*, *les Marchands chassés du Temple*, *la Descente de Croix* et *le Repas chez Simon le pharisien*. Il est mort d'une paralysie à 73 ans.

Deux peintres de portraits d'une valeur presque égale, se trouvaient en présence, de 1656 à 1659.

LARGILLIÈRE (Nicolas), et RIGAUD (Hyacinthe).

Ces deux peintres ont été, pour le portrait, ce que Raphaël a été pour la peinture religieuse. Comme lui ils avaient de beaux sujets et de beaux modèles à peindre, mais ce n'était point pour rappeler au monde catholique les saints et les saintes du Paradis ; c'était pour répondre aux demandes des rois, des princes du sang, à ceux de l'église et aux grands seigneurs de la cour de Louis XIV, qui étaient heureux de laisser à l'histoire un souvenir, et de poser (non pas devant un objectif) en face d'un artiste qui, sans effort, donnait à leurs portraits la vie, le sourire aimable, la grâce et l'air noble de leurs modèles.

Ces deux artistes ont travaillé plus d'un demi-siècle à faire des portraits dans toutes les grandes familles, dans la magistrature et la bourgeoisie.

La peinture de ces grands artistes, est toujours lumineuse, d'une belle couleur, d'un dessin et d'un modelé qui sont le résultat de la science acquise par l'étude. Le Louvre a de magnifiques portraits de ces deux grands peintres. Ils sont morts à Paris, Largillière, en 1746, et Rigaud, 1743.

Coypel, Antoine, né à Paris (1661-1722).

Il était fils de Noël père, qui était directeur de l'école de peinture à Rome. Il emmena son fils Antoine, très-jeune, avec lui, et, sous sa direction, il lui fit étudier l'antique et les grands maîtres d'Italie ; il fit un voyage à Venise et revint à Paris. Il fut reçu au concours et nommé membre de l'académie, il n'avait pas encore 20 ans. Le duc d'Orléans, à qui il donna des leçons de dessin, lui fit obtenir plusieurs tableaux au château de Choisy-le-Roi. Il peignit ensuite la voûte de la chapelle de Versailles.

Il reçut le brevet de premier peintre de Louis XIV,

nommé professeur à l'école, quelques temps après il en fut le directeur.

Son protecteur lui fit avoir des titres de noblesse, un carrosse et une pension de 1,200 francs pour l'entretenir. Malgré tous ces avantages, Coypel n'est pas considéré comme un maître de premier ordre, mais un heureux privilégié de la faveur royale. Le Louvre a quelques tableaux de lui, il est mort à Paris.

DESPORTES (François), né en Champagne (1661).

Comme tous les grands artistes, Desportes a étudié sérieusement l'antique et la nature vivante.

Ce sont deux grands livres, dans lesquels les élèves doivent apprendre à lire, pour vaincre les grandes difficultés de l'art.

Il fut élève de Rigaud, et comprit sa large manière, et comme lui il savait rendre sa peinture lumineuse. Il a eu du succès dans le portrait; néanmoins, il y renonça pour s'adonner aux tableaux de chasses. Il travailla au château d'Annet, à l'hôtel de Bouillon et à Versailles. Le roi lui fit faire pour Meudon plusieurs tableaux, le prince de Condé, le duc du Maine et les autres princes l'occupèrent à leurs châteaux.

Il n'y a pas que les chasseurs visitant le Louvre qui sont attirés par cette belle chasse au sanglier, dont la toile a 3^m 50 sur 3^m 35 (grandeur naturelle). Tous ces chiens sont furieux et mordent à pleines dents et avec rage ce sanglier condamné à mort!...

La chasse au cerf, ce pauvre animal qui aime la solitude, aussi doux qu'inoffensif, regarde le public d'un air plaintif, dans l'espoir qu'il voudra le sauver? Vient ensuite la chasse du loup. Ces trois grandes toiles sont magnifiques de naturel et d'exécution.

Tous les visiteurs du musée connaissent la meute de Louis XIV. Cette belle collection de chiens (les vrais amis de l'homme), y sont représentés d'une manière remarquable. On n'a rien fait encore de plus beau et de plus naturel.

Troy (Jean-François de), né à Paris (1670).

Il fut élève de son père, n'ayant pas eu le prix de Rome, il en fit le voyage à ses frais. Aimant le plaisir autant que la peinture, son père le fit revenir. A son retour il concourut et fut reçu membre de l'académie. Nommé professeur à l'école, il fit un riche mariage, abusa de sa position de fortune et de sa grande facilité de peindre. Il a fait un beau tableau, qui est au Louvre, c'est *l'Ordre du Saint-Esprit, tenu par Henri IV*. Il est mort à Rome, directeur de l'Académie de France. 1752.

Oudry, Jean-Baptiste, peintre et graveur, né à Paris (1686), mort à Beauvais (1755).

Le talent qui se renferme dans une spécialité

augmenté de force. Celui d'Oudry, en faisant tous les genres, s'est trop répandu pour grandir. Malgré les bons conseils de son maître Largillière, de suivre les traces de Desportes, il est loin de le valoir ; néanmoins c'est un talent qui, à notre époque, bien qu'il n'ait jamais fait des chevaux de labour, passerait pour être bien supérieur à l'auteur du marché aux chevaux !

Le travail de la gravure nuit à la peinture : soyez peintre ou graveur. Le Louvre a quelques beaux tableaux d'Oudry, tirés de la meute de Louis XV.

Loo (Charles-André, dit Carle van), né à Nice (1705). Mort à Paris (1765).

Je vais citer Carle, comme étant le plus remarquable de tous.

Il était fils de Louis et frère de Jean-Baptiste van Loo, qui fut son premier maître. Il eut du succès et une grande réputation dans les arts. Il remporta le premier grand prix de Rome. Il en fit le voyage avec ses neveux et François Boucher. A son retour à Paris, il concourut et fut admis membre de l'Académie. Professeur à l'école, et plus tard directeur; il reçut le cordon de l'ordre de Saint-Michel, et fut nommé premier peintre du Roi. Ses tableaux ont une grande valeur, non pas comme puriste. Malgré tout ce qu'on a dit de ses œuvres, c'est un véritable peintre. Il savait rendre sa pensée en étudiant la nature ; à son point de vue, sans doute, car nous ne pouvons voir la nature tous de la même manière.

Sa peinture est savante, large, lumineuse et franchement accusée, sans obscurité systématique. Il ne passait pas dix ans à blèroter un tableau comme ceux qui copient la photographie, et qui passent pour de grands artistes.

———

MOINE (François Le), né à Paris (1688). Mort dans la même ville. (1737).

En 1707, Le Moine remporta le grand prix de Rome. Il ne put y aller, ainsi que plusieurs de ses camarades, à cause des guerres sous Louis XIV. Il fut nommé membre de l'Académie, professeur à l'école. Après avoir exécuté plusieurs grands travaux, il fit la peinture de la voûte du salon d'Hercule. Cet immense travail fut fait en quelques années seulement. Louis XIV en fut très-satisfait, et le nomma son premier peintre. Mais la grande fatigue et le chagrin de ne pas jouir des mêmes avantages et des mêmes faveurs que Le Brun, lui causèrent un violent chagrin, et, dans un accès de fièvre, il se fit mourir !

. . . .

Tout n'est pas rose dans la vie des artistes ! Pour quelques moments heureux, que de sacrifices en tous genres ! Que de peines d'esprit, de déceptions, de craintes et d'angoisses! Que de nuits passées sans sommeil, pour arriver à créer un tableau, se faire une réputation et pouvoir la soutenir!

Si les élèves savaient, lorsqu'ils veulent entrer dans la carrière des arts tout ce qui les attend, ils feraient un retour sur eux ; car dans ce cas, comme dans beaucoup d'autres, reculer, c'est avancer.

BOUCHER (François), né à Paris (1704). Mort en 1770.

Il en est des artistes comme des littérateurs et des poëtes ; loin de former le goût, ils le perdent par l'abus des productions médiocres (au point de vue de l'art). Si Boucher était venu un demi-siècle plus tard ou un demi-siècle plus tôt, il ne serait pas connu ; il est venu juste à temps pour se faire une réputation qui suit les phases du mauvais goût, et ajuster sa peinture au-dessus de portes et de trumeaux, pour le style rocaille. Le Louvre a plusieurs tableaux de lui.

VERNET (Joseph), né à Avignon (1714). Mort au Louvre. (1789).

Il est père de Carl Vernet et d'Horace Vernet, son petit-fils, peintre tous les deux. Le père de Vernet était peintre, et, comme lui, Joseph Vernet peignait des armoiries, des chaises à porteurs et des dessus de portes. Il fut à Rome ; mais la vue de la mer, à Marseille, lui causa une impression si vive, qu'elle révéla sa vocation de peintre de marine. Après quelques années passées à Rome, il revint en France, où il ne fit que des ports de mer. Il peut être appelé, à juste titre, le *Claude Lorrain* de la France.

La peinture de Joseph Vernet est savante, harmonieuse ; c'est le soleil qui réchauffe et qui éclaire ses tableaux ; il a fait des effets de clair de lune, et a su opposer à cette lumière argentine celle d'un feu allumé par les pêcheurs. Ses ciels sont riches et variés, ses eaux transparentes et profondes.

Sa peinture n'est point empâtée, grattée, peinte, regrattée et repeinte à l'infini. Ses tableaux ont la fraîcheur du premier jour, et seront ainsi dans un siècle. Le musée du Louvre a 41 tableaux, tous, d'une très-grande valeur.

GREUZE, Jean-Baptiste, né à Tournus. (1715).
Mort au Louvre. (1805).

Lorsqu'un artiste vise trop haut, il n'atteint pas toujours son but. Greuze n'avait pas l'étoffe pour faire un peintre d'histoire, comme il le prétendait. Il aurait dû ne pas sortir des tableaux d'intérieur de famille.

Il a fait un très-joli tableau, vaudeville, dans *l'Accordée de village*.

Cette peinture est d'une fraîcheur admirable et

d'un naturel de conception qui lui fait honneur ; elle fait plaisir à tous ceux qui voient ce charmant tableau, et surtout aux jeunes filles !

Dans ces dernières années, les amateurs étaient fous de la peinture de Greuze. Malgré son orgueil bien connu, il aurait ri beaucoup, en voyant vendre des copies pour des originaux, et les payer des prix exorbitants !

Si Greuze revenait au monde avec son talent et son nom, il aurait de la peine à vendre ses tableaux.

Les amateurs les plus pernicieux pour les arts et les artistes, sont ceux qui, croyant s'y connaître achètent, des prix fabuleux, des tableaux qui reviennent de mode. Ils savent faire vivre les morts et les brocanteurs. Ce n'est pas la valeur de la peinture qu'ils achètent, c'est le nom et le cadre !

CONCLUSION.

Il est plus difficile de juger ses contemporains que les hommes du passé : ce n'est plus eux ni leurs amis qui parlent, ce sont leurs œuvres? On ne craint plus de se faire des ennemis en parlant haut et en disant ce qu'on pense?

Celui qui est en faveur et à qui on a fait une réputation, le commun des hommes lui accorde toujours du mérite? Il n'y a que les artistes véritables et victimes, qui disent tout bas, c'est une médiocrité de plus?...

On a donné de la réputation à certains artistes qui ont cru mieux faire que tous les autres peintres et ils n'ont pas fait faire un pas aux arts; par leur ignorance, leurs procédés et leurs manières de peindre, ils en ont hâté la décadence (1).

(1) Celui qui joue avec les difficultés de l'art et qui jongle avec son pinceau, n'est point un artiste, c'est un manœuvre de l'art?

Qu'il me soit permis en terminant cette revue biographique, de citer quelques noms d'artistes qui ont fait école au commencement de ce siècle. L'histoire des arts pour l'homme civilisé, doit être la plus intéressante parce que toutes les autres s'y rattachent ?

DAVID (Jacques-Louis), né à Paris (1748), mort à Bruxelles, (1825.)

Le grand David, comme on l'appelle à juste titre, malgré tout ce qui a été dit, contre son école. Les amis des arts pour l'art, s'accordent à dire que le tableau des *Sabines*, est la plus belle peinture qui ait été faite depuis que le tableau est signé, 1799.

GROS (Antoine-Jean), né à Paris, (1771-1835).

Comme David, Gros son digne élève, il a fait un très-beau tableau, dans les *pestiférés de Jaffa* (1).

GÉRARD (François), né à Rome, (1770), mort à Paris, (1837).

Gérard a fait aussi une belle peinture, c'est *l'Entrée d'Henri IV, dans Paris*, qui a cimenté sa réputation, et comme Gros, il a eu la croix de la légion d'honneur et le titre de baron.

(1) Si les tableaux officiels profitent à l'artiste, ils ne profitent pas toujours à l'art ?

Girodet (Anne-Louis), né à Montargis, (1767), mort à Paris, (1824).

Comme David son maître, et Gros son camarade d'atelier, il a fait une bien belle page dans sa scène du *déluge*.

Prud'hon (Pierre), né à Cluny, (1758), mort à Paris, (1823).

Quelle belle action, lorsque la justice poursuit le crime en s'éclairant dans l'ombre de la nuit, pour suivre les traces d'un coupable ?.....

Après le déluge du Poussin, on pourrait citer, non pas comme dessin, la justice poursuivant le crime de Prud'hon, comme une pensée profondément inspirée, et rendue avec toutes les ressources de l'art, poussées à leurs dernières limites. Ce tableau est d'une effrayante vérité morale ?.....

Géricault (Jean-Louis), né à Rouen, (1791), mort à Paris, (1824).

Malgré les amis des amis, la grande place que le tableau occupe et la scène triste qu'il représente, le *Naufrage de la Méduse* fait un contraste frappant, vis-à-vis les *Sabines* (1).

(1) Il y a quelque fois plus de mérite dans un tableau de chevalet que dans certaines grandes toiles ? mais les tableaux microscopiques ne soutiendront jamais les arts ?

Ce n'est point assez de faire un beau tableau, pour se faire une réputation durable, il faut en avoir fait plusieurs?.... C'est ce qu'ont fait les Lesueur, les Le Poussin, les Le Brun, et les grands maîtres des écoles d'Italie (1).

---

(1) Les autres tableaux faits par David, Gros, Gérard, Girodet, Prud'hon et Géricault sont bien loin de valoir celui qui a fait leur réputation, énoncés plus haut.

TABLE DES MATIÈRES.

Dédicace. . . . . , ...   5
Préface.   7
Introduction.   9
1ʳᵉ Partie. — Les peintres anciens. . . .   11
Les peintres modernes.   13
Les modèles à dessiner.   15
Aux artistes professeurs.   17
Traité des distances. — Tableaux à copier   19
Une tête ensemble.   20
L'auteur.   22
Pour avoir les distances   23
L'angle droit.   25
Suite des conseils donnés aux élèves. . .   26
Le dessin linéaire   29
Réflexions de l'auteur   31

2ᵉ Partie 33
École vénitienne. 35
École florentine. 37
École bolonaise. 40
École française. 51
Conclusion. 67

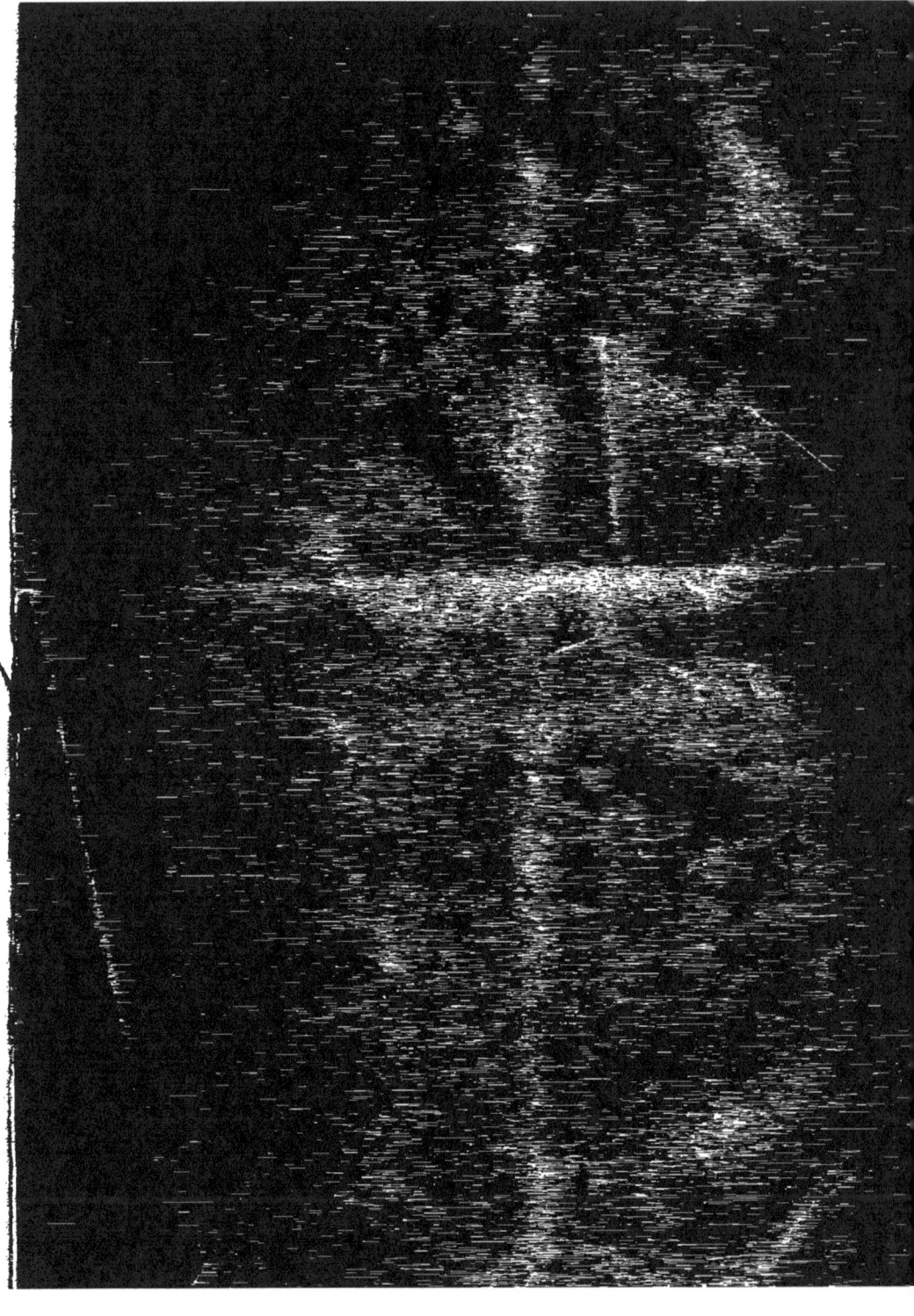

www.ingramcontent.com/pod-product-compliance
Lightning Source LLC
Chambersburg PA
CBHW050013230526
45470CB00003B/952